Mounir HIRCHI

Le contentieux douanier répressif

Mounir HIRCHI

Le contentieux douanier répressif

Noor Publishing

Imprint
Any brand names and product names mentioned in this book are subject to trademark, brand or patent protection and are trademarks or registered trademarks of their respective holders. The use of brand names, product names, common names, trade names, product descriptions etc. even without a particular marking in this work is in no way to be construed to mean that such names may be regarded as unrestricted in respect of trademark and brand protection legislation and could thus be used by anyone.

Cover image: www.ingimage.com

Publisher:
Noor Publishing
is a trademark of
Dodo Books Indian Ocean Ltd., member of the OmniScriptum S.R.L Publishing group
str. A.Russo 15, of. 61, Chisinau-2068, Republic of Moldova Europe
Printed at: see last page
ISBN: 978-620-4-71995-5

Tables des matières

INTRODUTCION GENERALE

Le mot contentieux vient du mot latin contentiosus qui signifie «querelle », « débat », « discussion », donc contestation.

L'expression « contentieux douanier » désigne donc, dans une acception rudimentaire, l'ensemble des litiges qui peuvent surgir entre l'administration des douanes et l'administré. Cette signification rassemble tous les contentieux dans lesquels l'Administration des douanes peut se **trouver impliquer.**

Mais, dans un sens un peu élaboré et perfectionné, l'expression «contentieux douanier » désigne l'ensemble des litiges nés de la violation de la législation et de la réglementation douanière dont l'application est confiée , entre autre, à l'Administration des douanes et impôts indirect.

En fait, le contentieux douanier abrite deux volets, une partie réservée au contentieux répressif et une autre relative au contentieux civil (contentieux du recouvrement des droits et taxes).

Mais, lorsqu'on évoque celui-ci, on pense avant tout au contentieux répressif. Donc, dans son acception courante et usuelle, l'expression de «contentieux douanier » désigne, d'abord et avant tout, celui qui revêt une dimension répressive.

En d'autres termes, Le contentieux douanier naît généralement de deux manières, soit à l'occasion du recouvrement d'une créance de la Douane soit de la constatation de la commission d'une infraction.

Au sens mentionné ci-dessus du contentieux, il convient d'ajouter celui de service chargé de régler les affaires contentieuses opposant l'Administration des douanes aux délinquants.

Pour les besoins de la présente recherche, nous intéresserons uniquement au second fait générateur du contentieux douanier, à savoir la constatation de la commission d'une infraction douanière. Auquel cas, on parle de contentieux répressif en douane.

Le contentieux douanier est régi par le Titre IX du code des douanes et impôts indirects. Le contentieux répressif en douane a pour objet la sanction des infractions à la législation et la réglementation des douanes et impôts indirects et des infractions à toutes les législations et réglementations dont l'Administration dès douanes et impôts indirects à la charge d'appliquer à titre principale ou subsidiaire.

Sous ce vocable, on englobe toutes les dispositions relatives à la recherche et à la constations des infractions aux législations et réglementations ainsi que toutes les procédures administratives, judiciaire ou extrajudiciaire, inhérentes au règlement des litiges nés de ces constations.

Les affaires contentieuses relatives à ces litiges sont catégorisées et enregistrées au mémorial selon trois types à savoir :

Les affaires dites « douane » désignées par la lettre D correspondent aux infractions à la législation douanière, d'impôts indirects et de concours aux autres services :

- Les affaires dites « change » affectées à la lettre C correspondent a la réglementation des changes, réprime par le dahir du 30 août 1949 et aux infractions d'importation et d exportation des moyens de paiement, valeurs, fonds, monnaies et devises ;
- Les affaires dites « Mixte » désignées par la lettre M correspondent aux dossiers cumulant à la fois une (ou des) infraction(s) douanière(s) et une (ou des) infractions de change dans le cadre d'une même constatation.

Au service du contentieux arrivent les procès verbaux relatifs à la constatation des infractions douanières. Ces procès verbaux sont dressés, en principe, par l'Administration des douanes. Cependant, d'autres Administrations (Police, gendarmerie royale, forces auxiliaires) peuvent constater les infractions douanières dans des procès verbaux lesquels doivent être remis à l'Administration des douanes pour décider d'ouvrir ou ne pas ouvrir la poursuite contre l'infracteur (pour certaines infractions).

Donc, il y a une base sur laquelle l'Administration des douanes se fonde pour déclencher la poursuite et pour qu'il ait l'existence d'affaire contentieuse (si non le dossier est classé dans la catégorie Minutie).

Encore faut il que les fonctionnaires du services contentieux procèdent à la vérification des procès verbaux qui doivent obéir à un formalisme prévu par le code des douanes.

En outre, ces procès verbaux sont, généralement, dressés soit contre un infracteur en flagrant délit, soit contre un infracteur connu mais en fuite, soit contre un infracteur inconnu et en fuite. Dans chaque cas, les fonctionnaires du service contentieux adoptent une démarche particulière.

En cas de poursuite, l'affaire est portée devant le tribunal de première instance (article 250 du code) par le représentant de la douane qui expose et dépose ses conclusions.

Mon travail de recherche est divisé en deux parties : La première partie de mon travail a pour objectif de répondre aux questions relatives au fait générateur du contentieux douanier répressif.

La deuxième partie de mon travail a trait à la jurisprudence relative au contentieux douanier dans sa dimension répressive.

PREMIERE PARTIE :
Le fait générateur du contentieux douanier répressif11

La première partie de mon travail a pour objectif de répondre respectivement aux questions suivantes : quelle sont les éléments de formation de l'infraction douanière ; quelles sont les personnes habilitées à la constater dans des procès verbaux ; quel est le formalisme auquel doivent obéir ceux-ci ; quelle est le nature de la responsabilité de l'infracteur ; et en fin quelles sont les méthodes de règlement du litige né de l'infraction

Chapitre 1 : L'infraction douanière12

Dans ce chapitre J'aborde la définition de l'infraction douanière (Section 1), les éléments de sa constitution (Section 2), ses classes (Section3) et en fin sa preuve (Section 4).

Section 1 : Définition de l'infraction douanière12

Dans cette section, je vais donner la définition de l'infraction douanière selon la doctrine, le code pénal et le code des douanes.

Paragraphe 1 : La définition doctrinale12

L'infraction est définie par Ahmed ELKHAMLICHI comme étant toute action ou abstention de l'homme capable, qui crée un trouble social et réprimée par la législation pénale.

Paragraphe 2 : La définition doctrinale12

En droit pénal, l'infraction se définit comme étant tout fait de l'homme qui en raison du trouble social qu'il provoque, justifie l'application à son auteur de peines et de mesures de sûreté. Dans cette définition l'acte peut être soit une action soit une abstention.

Paragraphe 3 : La définition du code des douanes12

En douane, l'infraction consiste en un acte ou une abstention contraire aux lois et règlements douaniers et est réprimée par ces textes (Art. 204 Code). Par lois et règlements, on entend l'ensemble des prescriptions législatives et réglementaires que l'administration est expressément chargée d'appliquer. Ces lois et règlements peuvent avoir une source interne ou puiser leur source dans les conventions internationales.

Section 2 : La constitution de l'infraction douanière13

Quels sont les éléments de formation de l'infraction douanière ?

Cela suppose de définir les différents éléments qui doivent être constatés pour qu'une infraction soit constituée.

Pour qu'une infraction douanière soit constituée, il faut la réunion de trois éléments : l'élément légal (§1), l'élément moral et matériel (§2)

Paragraphe 1 : L'élément tenant à la loi13

Il s agit de l'élément légal de l'infraction. C'est le texte légal prévoyant et réprimant l'infraction.

Pour qu'un fait matériel soit passible de sanction pénale, encore faut-il qu'il soit incriminé par les textes.

Cette incrimination est l'élément légal de 1'infraction.

En nous inspirant de la maxime juridique « Nullum crimen nulla poena sina lege», œuvre du criminaliste bavarois Feuerbach, et aussi de l'article 3 du code pénal marocain, nous pouvons dire qu'il n y a pas d'infraction douanière (contravention ou délit), ni de peine (amende, confiscation) sans texte légal.

Cet élément trouve aussi son fondement dans l'article 10 de la constitution marocaine.

Donc, pour qu'il y ait infraction douanière, il faut premièrement l'existence d'un texte législatif ou réglementaire édictant une interdiction ou une obligation et deuxièmement l'existence également et obligatoirement dans le code des douanes d'une disposition réprimant la violation du texte concerné. A défaut de ces deux bases légales, il n'y a pas d'infraction douanière.

Paragraphe 2 : Les éléments tenant à l'auteur de l'acte infractionnel14

A- L'élément moral14

En matière pénale, pour que l'infraction existe légalement, il faut que cette infraction ait été l'œuvre de son auteur, c'est à dire un lien entre l'infraction et l'auteur de l'acte répréhensible. Ce lien que le droit anglais appelle «mens rea» (la volonté criminelle), constitue l'élément moral.

C'est celui qui concerne l'intention. Le prévenu, pour être coupable, doit avoir eu l'intention de commettre l'infraction.

Des lors qu'un individu majeur, sain d'esprit et non sous l'emprise d'un empire alcoolique, ou de drogue, commet une infraction, l'intention est pratiquement attachée à l'acte et résulte de l'élément matériel.

En droit douanier marocain, l'élément moral fait parti des éléments de formation de l'infraction, il est expressément cité à l'article 221 du code en ce qui concerne les coauteurs, les complices et les personnes intéressées à la fraude des lors qu'il y est prévu que ces derniers ont agit en connaissance de cause.

B- L'élément matériel14

En droit pénal, pour qu'il y ait infraction il faut qu'un fait soit commis. Ce fait peut être positif (infraction par action : exp. vol) ou négatif (infraction par commission : exp. non assistance a personne en danger).

Comme en matière pénale, en matière douanière l'infraction consiste en un acte (exp : fausse déclaration) ou une abstention (exp : refus de payer l'amende fixée par le responsable des douanes habilité à transiger).

En d’autres termes, l’élément matériel de l’infraction douanière peut tirer sa source du comportement soit positif, soit négatif de l'auteur de cette infraction.

Sur le plan contentieux l’élément matériel joue un rôle déterminant.

Il y a deux manières d’intervenir sur l’élément matériel : soit que le prévenu tente de démontrer que l’élément matériel n’existe pas (il sème le doute dans l’esprit des juges) soit qu’il fait la démonstration que l’acte juridique par lequel l’élément matériel a été rapporté est nul (procès-verbal de perquisition qui est annulé pour vice de forme).

Section 3 : La classification des infractions douanières et leurs peines.15

Les infractions douanières sont classées en deux grandes catégories : les contraventions douanières (SS1) et les délits douaniers (SS2).

Dans cette classification des infractions douanières, il n y a pas de crimes. Les contraventions et les délits ne correspondent pas aux définitions des contraventions et délits du droit commun. Le délit douanier est sanctionné par des peines d’emprisonnement très faibles, alors que le montant des amendes est très élevé. Les contraventions douanières sont beaucoup plus sévèrement pensées que celle de droit commun.

Quelles sont ces contraventions et ces délits selon le code des douanes marocain ?

Paragraphe 1 : Les délits douaniers15

Les délits douaniers sont de deux classe : les délits de 1ère classe (A) et les délits de 2eme classe (B).

A- Les délits de première classe et leurs peines16

En vertu de l'Article 279 ter du code des douanes marocains, Constituent des délits douaniers de première classe les infractions ci-après :

1. L'importation ou l'exportation et la tentative d'importation ou d'exportation des stupéfiants et des substances psychotropes sans autorisation ni déclaration ; ainsi que leur importation ou exportation sous couvert d'une déclaration fausse ou inapplicable ;
2. La détention sans justification des stupéfiants et des substances psychotropes au sens de l'article 181 ;
3. Toute violation des dispositions relatives à la circulation et à la détention dans le rayon des douanes des stupéfiants et des substances psychotropes ;
4. La présence en entrepôt ou dans les magasins ou aires de dédouanement des stupéfiants et des substances psychotropes.

Les peines dont sont punis les délits douaniers de première classe sont prévues par l'article 279 bis du code des douanes marocain, il s'agit :

1. D'un emprisonnement d'un à trois ans ;
2. D'une amende égale à cinq fois la valeur cumulée des marchandises de fraude, des moyens de transport et des marchandises servant à masquer la fraude ;
3. De la confiscation des marchandises de fraude, des moyens de transport et des marchandises servant à masquer la fraude.

B- Les délits de deuxième classe et leurs peines16

En vertu de l'article 281 du code des douanes marocain, Constituent des délits douaniers de deuxième classe :

1. La contrebande définie à l'article 282 ;
2. L'excédent de colis non justifié et, de manière générale, l'excédent en nombre constaté lors d'un recensement en entrepôt ou entrepôt industriel franc ;
3. La présence en entrepôt de marchandas exclues du régime de l'entrepôt pour un motif autre que leur mauvais état de conservation ;
4. Les infractions aux dispositions du titre VIII du présent code, relatives aux impôts indirects ;
5. Les infractions aux dispositions de l'article 46-1° ci-dessus ;
6. Les infractions aux dispositions de l'article 56 ci-dessus ;
7. Tout acte ou manœuvre effectué par des procédés informatiques ou électroniques tendant à altérer une ou plusieurs données contenues dans le système informatique de l'Administration, lorsque cette altération a pour effet d'éluder un droit ou une taxe ou d'obtenir indûment un avantage quelconque ;
8. L'importation ou l'exportation des marchandises prohibées visées au 1° a) de l'article 23, réalisée par un bureau de douane soit sans déclaration en détail soit sous couvert d'une déclaration fausse ou inapplicable aux marchandises présentées ;
9. La présence dans les magasins et aires de dédouanement des marchandises exclues de ces magasins et aires de dédouanement en vertu de l'article 62-3°.

Les peines dont sont punis les délits de deuxième classe sort prévues par l'article 280 du code des douanes marocain, il s agit :

1. D'un emprisonnement d'un mois à un an ;

2. D'une amende égale à cinq fois la valeur des marchandises de fraude ;
3. De la confiscation des marchandises de fraude, des moyens de transport et des marchandises servant à masquer la fraude.

Paragraphe2 : Les contraventions douanières18

A- Les contraventions douanières de première classe et leurs peines18

Selon l'article 280 du code des douanes marocain, les contraventions douanières de première classe sont :

1°- sous réserve des dispositions de l'article 299-6°, l'importation ou l'exportation des marchandises prohibées visées au 1° b) de l'article 23, réalisée par un bureau de douane sans déclaration en détail ;

2°- L'importation ou l'exportation sans déclaration en détail, par un bureau de douane, si un droit ou une taxe se trouve éludé ou compromis par ce défaut de déclaration ;

3°- Le défaut de dépôt, dans les délais impartis, de la déclaration complémentaire visée à l'article 76 bis-3° ci-dessus ;

4°- L'enlèvement des marchandises des lieux visés à l'article 27 ci-dessus, après dépôt de la déclaration en détail؛ sans que les droits et taxes dus aient été payés ou garantis et que la mainlevée des marchandises ait été délivrée ;

5°- La non présentation a la première réquisition des agents de l'administration des marchandises placées dans des magasins et aires de dédouanement tels que définis à l'article 61 ci-dessus ainsi que les marchandises ayant fait l'objet d'une déclaration sommaire visée à l'article 59 bis du présent code ;

6°- La non présentation à la première réquisition des agents de l'administration des marchandises placées sous le régime de l'entrepôt ;

7°- La non présentation à la première réquisition des agents de l'administration des marchandises placées sous le régime du transit et des documents douaniers qui doivent les accompagner ;

8°- Tout abus volontaire du régime de l'entrepôt industriel franc, de l'admission temporaire pour perfectionnement actif, de l'admission temporaire, du transit ou de la transformation sous douane, au sens de l'article 286 ci-après ;

9°- La non présentation à la première réquisition des agents de l'administration des marchandises placées sous le régime de l'entrepôt industriel franc ou le défaut de justification d'utilisation desdites marchandises ;

10°- La non présentation à la première réquisition des agents de l'administration par le gardien dépositaire des marchandises placées sous sa garde ;

11°- Les infractions aux dispositions du Titre VI bis du présent code relatif à la surveillance des régimes de franchise ou de suspension des droits et taxes à l'importation.

Les peines sanctionnant les contraventions douanières de première classe sont prévues par l'article 284 du code des douanes marocain et qui sont :

1°- une amende égale à quatre fois le montant des droits et taxes compromis ou éludés ;

2°- la confiscation des marchandises de fraude

3°- la confiscation des moyens de transport dans les conditions de l'article 212 ;

B- Les contraventions douanières de deuxième classe et leurs peines20

En vertu de l'article 294 du code des douanes marocain les contraventions douanières de deuxième classe sont :

1°- Toute mutation d'entrepôt ou manipulation en entrepôt non autorisée ;

2°- Le défaut d'exportation ou de mise en entrepôt, dans les délais, de marchandises, objets, matériels ou produits placés sous le régime :

- soit de l'admission temporaire pour perfectionnement actif ;

- soit de l'admission temporaire ;

3°- Le défaut de régularisation, dans les délais, de marchandises placées sous le régime de l'entrepôt ou de l'entrepôt industriel franc ou sous le régime du transit ou de la transformation sous douane.

4° - Toute fausse déclaration ou manœuvre à l'importation ou à l'exportation, lorsqu'un droit ou une taxe se trouve éludé ou compromis par cette fausse déclaration ou cette manœuvre.

5° - Les infractions aux dispositions des articles 32-1°, 38-2°, 46-2°, 47, 49-3°, 50-2°, 55, 57-2°, 68, 69 et 76-2° du présent code.

6° - Toute importation ou exportation de marchandises non prohibées réalisées par un bureau de douane sans déclaration en détail, ou sous couvert d'une déclaration fausse ou inapplicable ou non conforme aux marchandises présentées, dans le cas où aucun droit et taxe ne se trouve éludé ou compromis.

6 bis- sous réserve des dispositions de l'article 299-6° ci-après, toute importation ou exportation sans autorisation ou sous couvert d'un titre inapplicable, de marchandises prohibées visées au 1° b) de l'article 23 ci-dessus, objet d'une déclaration en détail.

7° Tout refus de communication de documents visés à l'article 42 ci-dessus.

8° Tout placement en entrepôt privé particulier de marchandises non désignées dans l'autorisation de l'administration prévue à l'article 125- 2° ci-dessus.

9° Toute altération ou enlèvement des scellés utilisés par les agents de l'administration tel que prévu par l'article 40 bis.

Selon l'article 293 du code des douanes marocain, les contraventions douanières de deuxième classe sont punies :

- D'une amende égale au double des droits et taxes ;
- D'une amende de 2.000 à 20.000 DH pour les infractions visées aux 5°, 6°, 7°, 8° et 9° de l'article 294

C- Les contraventions douanières de troisième class.21

En vertu de l'article 297 du code des douanes marocain, Constituent des contraventions douanières de troisième classe toutes fausses déclarations ou manœuvres ayant pour but ou pour effet d'obtenir, en tout ou en partie, un remboursement ou un avantage quelconque attaché à l'exportation.

La peine prévue par l'article 296 du code des douanes marocain a l'encontre des contraventions douanières de troisième classe est une d'une amende égale à deux fois le montant des avantages attachés à l'exportation.

D- Les contraventions douanières de quatrième classe22

L'article 299 prévoit les infractions constituantes des contraventions de quatrième classe et qui sont des infractions aux dispositions :

- Des lois et règlements que l'administration est chargée d'appliquer lorsque ces infractions ne sont pas réprimées spécialement par un texte particulier.
- Du présent code et des textes pris pour son application, lorsque ces infractions ne sont pas réprimées spécifiquement par le présent code.

Tombent, en particulier, sous le coup des dispositions du présent article :

1°- Toute omission ou inexactitude portant sur l'une des indications que les déclarations doivent contenir lorsque l'irrégularité n'a aucune influence sur l'application des droits, taxes, prohibitions ou restrictions ;

2°- Toute omission d'inscription aux répertoires, registres et tous autres documents dont la tenue est obligatoire ;

3°- Toute inexécution totale ou partielle des engagements souscrits dans un document douanier ;

4°- Les infractions aux dispositions des articles 36, 49-1°, 53-1° et 2°, 54-1° et 57-1° et 3° du présent code.

5°- Toute violation des mesures de sûreté ordonnées par l'autorité administrative.

6°- Les infractions aux dispositions de l'article 23-l°b) en ce qui concerne le non respect des règles de qualité ou de conditionnement imposées à l'importation ou à l'exportation lorsque ces infractions n'ont pas d'incidence fiscale.

La peine pour ce type de contravention est prévue par l'article 298 et qui est une amende de cinq cents à deux mille cinq cents dirhams.

Section 4 : La preuve de l'infraction douanière23

La preuve désigne, au sens large, rétablissement de la réalité d'un fait ou d'un acte juridique. Dans un sens restreint, elle désigne le procédé utilisé à cette fin.

Le sujet de la preuve revêt une grande importance, aussi bien en matière pénale qu'en matière douanière, en permettant à l'administration des douanes de prouver l'existence d'une infraction. Cette dernière constitue la pierre angulaire du sujet de la preuve.

Les agents des douanes et les autres personnes habilitées à constater une infraction rédige le procès-verbal sans divertir, c'est-à-dire immédiatement.

Paragraphe 1 : Les personnes habilitées à constater l'infraction douanière23

Constater une infraction, c'est réunir les preuves de son existence, c'est à dire rassembler ses éléments constitutifs.

Il importe donc au préalable de déterminer les personnes habilitées à constater l'infraction douanière.

Tous les agents de l'administration des douanes, quel que soit leur grade ou leur fonction ont le droit de dresser des procès -verbaux.

Par agent des douanes, il faut entendre, l'agent qui a «une commission d'emploi et prêté serment. L'article 33-2 du code des douane marocain pose la condition du serment et ajoute que l'acte de celui- ci doit être transcrit sur la commission d'emploi dont les agents sont munis et qu ils sont tenus d'exhiber à toute réquisition.

Le droit de verbaliser a été reconnu également à d'autres agents de l'Administration. Cette extension concerne essentiellement les autorités de police ou de gendarmerie (ou de forces auxiliaire), appelées fréquemment à connaître des infractions douanières à l'occasion de la recherche des infractions de droit commun.

Il convient de signaler la différence qui existe entre les procès-verbaux établis par les agents des douanes et les procès-verbaux établis par les agents d'autres services. Les premiers ont une force plus grande et représentent une garantie supérieure puisqu'ils sont crus jusqu'à inscription de faux, procédure très délicate, les seconds sont crus seulement jusqu'a preuve du contraire, procédure plus facile.

Paragraphe 2 : L'étendue spatiale de la constatation de l'infraction douanière24

Les agents des douanes ont pour découvrir la fraude, un droit de visite des marchandises, des moyens de transport et éventuellement des personnes.

La majorité des contrôles est opérée, en principe, dans les bureaux, ou pratiquement, doivent s'effectuer toutes les opérations douanières, dédouanement des marchandises, visites des voyageurs et leurs bagages.

Les contrôlés qui sont pratiqués dans les bureaux ont pour objet de déceler les importations et exportations sans déclarations, les fausses déclarations d'espèce, d'origine, de valeur, la non exécution d engagements souscrits... Ces vérifications qui sont faites par les agents du cadre sédentaire donne lieu, en cas de constations, à des affaires de bureau.

Le service actif constatera, quant à lui, des affaires de compagne ou de brigade, soit le long des frontières (importation ou exportation en contrebande) soit à l'intérieur du rayon des douanes (circulation de marchandise, soit sans titre de mouvement), soit encore en n'importe quel point du territoire (justification du paiement des droits ou leurs origines régulières en ce qui concerne les marchandises passibles de droits de douane à l'importation).

Les agents des douanes peuvent effectuer, par ailleurs, des perquisitions et des visites domiciliaires.

Pour effectuer ces visites domiciliaires, il faut le consentement écrit de l'occupant, à défaut, l'assistance d'un officier de police judiciaire est nécessaire et dans la maison où se trouvent les femmes il faut être accompagner, en principe, d'une « arifa » ou d'une femme de confiance.

Ensuite sur tout le territoire, les agents des douanes peuvent procéder a des perquisitions en ce qui concerne le contrôle de l'alcool, le contrôle des marchandises soumises à justification et la recherche des infractions à la réglementation des changés.

Il convient de préciser, par ailleurs, qu'à l'intérieur de la zone maritime du rayon des douanes, les agents de l'administration peuvent se rendre à bord des navires et se faire présenter les documents relatifs aux navires eux- même et à leurs cargaisons ; ils peuvent exercer un droit de suite même en haute mer, pour faire stopper les bâtiments qui n'auraient pas obtempéré à leur sommation.

Enfin les agent ayant au moins le grade d inspecteur-adjoint ou d'officier peuvent faire des recherches dans les écritures et exiger la communication de tous documents nécessaires à leurs enquêtes à condition que les opérations vérifiées intéressent la douane ; de tel contrôle, en conséquence, être effectués auprès des compagnies de chemin de fer et de navigation consignataires de navires, entreprise de transport par route, commissionnaires et transitaires en douane, concessionnaires d'entrepôt, destinataires et expéditeurs de marchandises déclarées en douane.

Paragraphe 3 : Le mode de constatation de l'infraction douanière : le procès -verbal26

A- Les types des procès-verbaux26

Il résulte de l'article 234.1 du code des douanes qu'il existe deux procédures douanières de constatation dans les faits. La constatation par voie de saisie et la constatation par voie d'enquête.

- La constatation par voie de saisie s'opère par l'appréhension du corps de l'infraction, ce qui fournit la preuve matérielle et directe de l'infraction puisque la plupart des infractions douanières se rapportent a des marchandises. On rédige alors un procès-verbal de saisie. En effet, l'article 235 du code des douanes disposent que « les agents verbalisateurs ont le droit de saisir en tout lieu tous les objets passibles de confiscation ainsi que tous documents relatifs à ces objets »

La saisie du corps de l'infraction est réalisée soit dans les bureaux de douanes soit en dehors des bureaux de douane. Il importe de préciser que sur toute l'étendue du territoire douanier, les agents des douanes peuvent demander des justifications de détention des marchandises passible des droits et taxes à l'importation en application des dispositions de l'article 181 du code des douanes.

- La constatation par voie d'enquête s'opère, soit par la consultation et l'examen de document écrit soit au moyen d'interrogation. On rédige alors un procès-verbal de constat.

L'infraction est constatée dans la majorité des cas par procès- verbal même si elle peut être poursuivie et prouvée par toutes les voies de droit.

Donc le procès-verbal constitue le mode normal de constatation des infractions douanières et consiste dans la rédaction d'un acte spécial, doté d'une force probante exceptionnelle.

B- La force probante des procès-verbaux27

Nous avons dit que le procès-verbal de saisie ou de constat est le mode usuel de preuve de l'infraction douanière. Mais qu'en est-il de son efficacité en tant que moyen de preuve donc de sa force probante.

Le procès-verbal a une force probante particulière. Il a une force probante absolue lorsqu'il est rédigé par deux agents ou plus, dans ce cas il fait foi jusqu'à inscription de faux des constatations matérielles qu'il relate.

Il a une force probante relative, quelque soit le nombre de ses rédacteurs, quand il s'agit de l'exactitude et la sincérité des déclarations et aveux qu'il rapporte. Dans ce cas il ne fait foi que jusqu'à preuve contraire.

Il a encore une force probante relative, quand il est rédigé par un seul agent de l'administration des douanes ou par les autres personnes habilitées à constater l'infraction douanière. Dans ce cas il fait foi jusqu'à preuve contraire.

C- Le formalisme du procès-verbal27

Il s'agit de donner la forme suivant laquelle doit être établi le procès-verbal en matière de douane.

Au terme de l'article 240 du code des douanes, le procès- verbal doit énoncer :

- La date, et le lieu de leur rédaction et de leur clôture,
- Les noms, qualités et demeures des agents verbalisateurs,
- La date, l'heure et le lieu de la saisie ou de la constatation,
- Les déclarations éventuelles du (ou des) délinquants(s).

Ces procès-verbaux doivent être signés par leurs rédacteurs et par les délinquants, s'ils sont présents. En cas d'impossibilité ou de refus de la part des délinquants de signer, mention en sera faite sur ces documents.

Une copie des procès-verbaux est remise aux délinquants présents. En outre, les procès-verbaux de saisie doivent mentionner :

- Les motifs de la saisie,
- La description des objets saisis, avec leur nature, leur qualité et leur quantité,
- Les mesures prises pour en assurer le dépôt, la garde ou la conservation,
- L'identité du gardien éventuellement désigné avec son accord et sa signature,
- La présence ou l'absence du délinquant à la description des objets saisis et ses observations éventuelles,
- L'offre éventuellement faite d'une remise des marchandises non prohibées ou des moyens de transport moyennant caution ou consignation.

L'analyse de ces éléments permet de constater que le procès- verbal se compose en fait de plusieurs parties :

- Protocole ;
- Exposé des circonstances de la découverte de l'infraction ;
- Désignation des agents verbalisateurs
- Qualification de l'infraction (textes à citer) ;
- Déclaration de saisie ;
- Sommations faites au prévenu ;
- Description des objets saisis ;
- Constitution d'un gardien ;
- Citation devant le tribunal ;
- Numération des condamnations ;
- Réserves ;
- Offre de main levée ;
- Clôture du procès -verbal

Nous allons examiner sommairement chacune de ces parties,

a) Protocole

Le protocole qui est la formule placée en tête du procès -verbal, comporte les indications suivantes :

- La date et le lieu de rédaction et de clôture du procès -verbal (à remarquer que cette date peut être postérieure à la date de la saisie) ;

- Les noms, qualité et demeures des agents verbalisateurs : les agents verbalisateurs sont désignés par leurs noms et prénoms, leur grade et leur résidence administrative ;
- L'autorité à la requête de qui le procès-verbal est rédigé ;
- Le nom, prénom, qualité et résidence de l'agent chargé des poursuites, en général cet agent est l'ordonnateur.

b) Exposé des circonstances de la découverte de l'infraction30

Cet exposé qui constitue la partie essentielle du procès- verbal doit mentionner les faits dans leur ordre chronologique d'une manière à la fois objective, exacte, complète et concise.

Pour l'énumération des indications que doit comporter un procès-verbal il serait souhaitable de respecter l'ordre repris dans l'article 240 du code des douanes marocain.

Il ne doit mentionner que les faits matériels sans faire d'interprétations personnelles.

Dans cet exposé, sont indiquées les conditions dans lesquelles l'infraction a été découverte. Exemple : saisie de marchandises après poursuite à vue, après visite domiciliaire etc....

En cas de visite domiciliaire, le procès-verbal doit indiquer si la visite a été faite en présence d'un officier de police judiciaire ou au contraire, sans sa présence, mais à ce moment avec l'accord du propriétaire, des lieux visités.

La nullité du procès-verbal est encourue lorsqu'il est rédigé à la suite de visite domiciliaire sans l'assistance d'officier de police judiciaire, lorsque cet officier n'a pas assisté à la rédaction et que le procès- verbal ne contient pas mention de la réquisition qui lui aurait été à cet effet ou de son refus.

- La date, l'heure et le lieu de la saisie doivent être absolument mentionnés.

L'indication relative au lieu de la saisie est nécessaire afin de s'assurer de la légalité de la saisie. Ex. : saisie dans le rayon.

Enfin doit être indiqué l'état civil complet des prévenus. C'est-à-dire noms, prénoms, filiation, nationalité ainsi que leur adresse ceux-ci doivent signer les procès-verbaux en même temps que les rédacteurs.

c) Qualification de l'infraction31

L'infraction retenue est qualifiée par l'indication des textes légaux qui ont été violés.

A la lecture du procès-verbal, l'administration et le juge sont à même de déterminer si l'infraction a été bien qualifiée.

Il convient d'observer à ce sujet « qu'en droit douanier, comme en droit commun, les infractions sont susceptibles de plusieurs qualifications selon la nature de la règle qui doit leur être appliquée. Le régime juridique de chaque infraction prise en particulier résultera alors précisément de la combinaison de diverses qualifications. Mais il faut observer que la distinction fondamentale qui est liée à la peine encourue, à l'inverse des autres distinctions, présente, ladite peine, non comme une conséquence de la qualification mais comme son critère Autrement dit, ce n'est pas en raison de sa nature délictuelle que telle infraction est punie de peine d'emprisonnement. C'est parce que l'emprisonnement est encouru que l'infraction est qualifiée de délit ».

d) Déclaration de saisie32

Lorsque l'infraction comporte saisie, le procès-verbal mentionne les motifs de cette saisie (marchandises, moyens de transport, marchandise servant à masquer la fraude).

Si l'infraction constitue un flagrant délit comportant l'attestation du délinquant, on signifie à ce dernier sa mise en état d'arrestation.

Enfin, s'il n'y a ni saisie, ni arrestation, il est tout simplement déclaré à haute et intelligible voix au prévenu qu'il va être dressé procès-verbal

e) description des objets saisis32

Cette description doit être naturellement exacte mais aussi détaillée. Le poids, la valeur, la nature, la qualité, la quantité, l'origine des marchandises, le nombre des colis et la marque des emballages ; la marque et le numéro d'immatriculation d'une voiture doivent ainsi, être indiqué.

En outre une distinction doit être faite entre les marchandises de fraude, les moyens de transport, les marchandises ayant servi à masquer la fraude et éventuellement les objets ayant échappé à la saisie.

f) constitution d'un gardien32

Apres indication des mesures prises pour assurer la garde, le dépôt ou la conservation des marchandises saisies, le procès-verbal mentionne le nom et la qualité du gardien avec exactitude. En général, le gardien est l'ordonnateur ou le chef de la brigade où les marchandises ont été conduites.

Le gardien n'est cependant pas obligatoirement, un fonctionnaire des douanes. Ainsi, dans le cas de saisie à la suite domiciliaire, le gardien pourra être le contrevenant lui-même.

g) Citation devant le tribunal33

Le procès-verbal indique que le prévenu sera cité à comparaître devant la juridiction compétente pour s'entendre condamner aux peines encourues et aux dépens.

h) Enumération des condamnations33

Le procès-verbal ce n'est pas une obligation découlant de la loi mentionnant la nature et le taux des condamnations encourues

i) Réserves33

Le procès-verbal met en cause, d'une façon générale aussi bien les auteurs et co-auteurs de l'infraction que les complices et les personnes civilement responsables.

Au cas où il s'avère impossible de verbaliser à l'encontre de l'une des personnes sus-mentionnées, des réserves doivent, le cas échéant, être formulées.

Le parquet pourra, s'il estime utile, ordonner une information judiciaire.

j) Offre de main-levée33

Dans certaines affaires de peu d'importance, il peut être offert la nain-levée des marchandises saisissables, soit contre caution soit moyennant consignation de leur valeur. Il en est de même pour les moyens de transport.

k) Clôture du procès-verbal33

Le procès-verbal mentionne qu'il a été donné lecture de cet acte au prévenu, qu'il a été invité à le signaler et qu'il en a reçu une copie.

Si le contrevenant refuse de signer mention, est porté dans l'acte.

Enfin, on indique le lieu, la date et l'heure de la clôture et tous les agents verbalisateurs doivent signer le proeès-verbal, la signature des saisissants est absolument nécessaire, faute de quoi le procès -verbal est attaquable pour vice de forme.

Précisons, pour terminer, que les procès-verbaux ne sont plus assujettis au droit de timbre, suivant la dimension du papier.

En tout état de cause les procès-verbaux doivent être écrit lisiblement, les sommes et dates doivent être exprimés en toutes lettres ; il ne doit être fait usage d'aucune observation.

Les mots ou chiffres surchargés, ajoutés ou intercalés dans le corps du procès -verbal sont considérés comme nuls et les ratures doivent être approuvées par un renvoi en marge ou à la fin de l'acte indiquant le nombre exact de mots raturés et portant la signature de tous les saisissants ainsi que celle de la personne auditionnée.

Il convient de noter enfin que toute omission de l'une des indications prescrites pour la rédaction du procès-verbal peut en entraîner la nullité, d'où l'importance qui s'attache au respect de la forme et du contenu de cet acte.

Chapitre 2 : La responsabilité pénale et civile en droit douanier35

Dans ce deuxième chapitre, mon travail aborde la responsabilité pénale de l'infracteur en matière douanière (S1) et sa responsabilité civile (S2).

Section 1 : La responsabilité pénale35

Qualifier un individu de délinquant, c'est le considérer comme responsable, en tant qu'auteur d'un comportement recouvrant l'élément matériel et l'élément moral d'une infraction. La responsabilité pénale a donc pour origine la faute constituée par la violation d'un interdit légal.

Paragraphe 1 : La capacité pénale35

Quels sont les critères pris en considérations pour qu'une personne soit responsable en matière pénale.

L'âge est le principal critère de prise en charge d'un jeune en conflit avec la loi. Théoriquement, la majorité pénale est désormais de 18 ans, et un mineur de moins de 12 ans révolus ne peut, même provisoirement, être placé dans un établissement pénitentiaire.

Le deuxième critère ou la deuxième condition de la responsabilité pénale se rattache à la santé d'esprit. Le code pénal prend le défaut de lucidité d'esprit, la démence comme cause de non responsabilité.

Selon l'article 228 du code des douanes marocain, le législateur a prévu qu'elle n'est pas passible que des amendes et des confiscations, la personne qui est mineur de moins de 18 ans et souffre d'une aliénation mentale au moment des faits. Elle est donc exonérée de l'emprisonnement et des mesures conservatoires personnelles.

Paragraphe 2 : Les personnes physique responsable en matière pénale36

La responsabilité pénale pèse sur l'auteur de l'infraction et le cas échéant sur les coauteurs, les complices et les intéressés à la fraude (Art. 220 et 221 Code).

A- L'auteur de l'infraction36

L'auteur d'une infraction est celui qui a accompli l'acte matériel constitutif du délit ou de la Contravention, telle la signature d'une déclaration en douane ou encore la détention de marchandises d'origine frauduleuse ou présumée telle. Il peut également s'agir de la personne qui s'est abstenue d'accomplir un acte imposé par la loi, tel l'omission de faire une déclaration en douane-

B- Les coauteurs36

Dans l'hypothèse où plusieurs personnes ont participé à la commission d'une infraction, celles-ci sont considérées coauteurs et sont traitées sur un même pied d'égalité. Est ainsi coauteur d'une importation sans déclaration, le passager qui a camouflé sur lui des marchandises appartenant au conducteur du moyen de transport.

C- Les complices36

Le complice est la personne qui n'a pas participé directement à l'exécution matérielle du fait infractionnel, mais qui s'y est associé d'une manière indirecte, par exemple en facilitant la réalisation de l'infraction.

La complicité ne se présume cependant pas. En effet et selon les dispositions de l'article 221 Code des douanes, la poursuite du complice n'est à retenir que lorsque celui qui en est l'auteur a agi en connaissance de cause. Il s'agit là en fait d'un retour au droit commun pour ce qui est de l'élément moral de l'infraction.

Est alors complice au regard de la législation douanière toute personne qui a délibérément participé à la commission de l'infraction en fournissant des informations, des moyens (argent, Véhicules etc...), aidé à la réalisation (aide, assistance, notamment par des guetteurs, éclaireurs etc...) ou encore couvert les agissements frauduleux des auteurs et coauteurs de l'infraction ou a tenté de leur assurer l'impunité.

Il y a complicité également en cas d'achat ou de détention de marchandises de fraude, même lorsque cet achat ou cette détention ont eu lieu en dehors du rayon (Art. 221 Code alinéa 2).

En dehors de la situation de complicité précisée par le code, il y a également complicité chaque fois qu'une personne se trouve dans des situations Pilaires à celles que définit l'article 129 du code pénal, notamment par :

- L'octroi de dons, la formulation de promesses ou de menaces, l'abus d'autorité ou de pouvoir, les machinations ou artifices coupables ou la prise d'instructions pour la commission d'infractions ;

- Le fait de procurer aux auteurs de l'infraction des instruments ou tous autres moyens devant servir à la commission de celle-ci.

Il faut noter cependant que contrairement au droit commun, le droit douanier a aligné sur le plan de la responsabilité le coauteur et le complice qui sont exposés aux mêmes peines que l'auteur principal (Art. 221 Code).

D- Les intéressés à la fraude38

Il s'agit en l'occurrence de personnes morales ou physiques qui sans participer directement à l'infraction en tirent profit. L'article 221 Code classe parmi cette catégorie de personnes :

- les pourvoyeurs des fonds utilisés pour la commission de la fraude, ayant agi en connaissance de cause ;

- les propriétaires des marchandises de fraude.

A P instar du complice, le pourvoyeur des fonds en tant que personne intéressée à la fraude, ne peut être poursuivi que s'il est établi qu'il a agi en toute connaissance de cause.

La poursuite de l'intéressé à la fraude exige en conséquence la mise en évidence de l'élément moral de l'infraction.

Il est à noter que les auteurs, les co-auteurs, les complices et les intéressés à la fraude des mêmes faits sont tenus, solidairement des amendes, des confiscations et des dépens.

Néanmoins, lorsque la juridiction répressive saisie accorde à l'une des personnes citées ci dessus le bénéfice des circonstances atténuantes, sa solidarité se trouve limité à la quotte part de l'amende fixée par le juge (Art. 231 Code).

Paragraphe 3 : La personne morale responsable en matière pénale38

Les personnes morales peuvent être définies comme des sujets de droit auxquels la loi reconnaît une existence juridique distincte de celle des personnes physiques qui les constituent. Celles-ci ont un patrimoine, des droits et des obligations propres. Les personnes morales peuvent être de droit public (communes, établissements publics etc....) ou de droit privé (sociétés commerciales, sociétés civiles, associations, syndicats, etc....)

L'exemple type des personnes morales auxquelles le service a souvent affaire est la société sous ses différentes formes.

L'article 227 du code indique que les personnes morales sont responsables des infractions commises pour leur compte par les administrateurs, gérants ou directeurs.

Paragraphe 4 : La cause exonératoire de la responsabilité pénale : la force majeure39

Le législateur marocain a défini dans l'article 269 du DOC la force majeure en traçant de façon précise ses contours : « tout fait que l'homme ne peut prévenir, tel que les phénomènes naturels, l'invasion ennemie, le fait de prince, et qui rend impossible l'exécution de l'obligation. »

Les conditions de la force majeure sont fixées par la jurisprudence : extranéité du fait, imprévisibilité du fait, insurmontabilité du fait.

En droit douanier, la force majeure est considérée comme une cause exonératoire de la responsabilité pénale. La charge de la preuve incombe à l'infracteur qui doit prouver avec précision l'existence de la force majeure pour échapper à la responsabilité pénale.

Paragraphe 5 : Les circonstances atténuantes de la responsabilité pénale39

Ces cas de circonstances atténuantes sont applicables en cas des personnes pénalement responsable traité par l'article 222 et le cas des personne présumées pénalement responsable traiter par l'article 2265(A), le cas de la bonne foi (B)

A- Le cas des personnes pénalement responsables et les personnes dont la responsabilité est présumée40

Ces cas de circonstances atténuantes sont applicables en deux cas, le premier cas concerne les personnes pénalement responsables et qui est traité par l'article 222, le deuxième cas concerne les personnes présumées pénalement responsable et qui est traité par l'article 226.

Voici la teneur textuelle de ces deux articles :

Article 222 - Sont pénalement responsables :

a) Les signataires de déclarations, pour les omissions, inexactitudes et autres irrégularités relevées dans leurs déclarations ;
b) Les commettants du fait de leurs employés, pour les opérations en douane effectuées sur leurs instructions ;
c) Les soumissionnaires, en cas d'inexécution des engagements souscrits par eux.

Toutefois, les peines d'emprisonnement édictées par le présent code ne sont applicables aux signataires des déclarations et aux commettants, qu'en cas de faute personnelle et intentionnelle. Elles ne sont pas applicables aux transitaires lorsqu'il est établi qu'ils se sont limités à reproduire les renseignements qui leur ont été communiqués par leur mandant et qu'ils n'avaient aucune raison valable de mettre en doute la véracité de ces renseignements.

Article 226 - Les peines d'emprisonnement édictées par le présent code ne sont applicables aux personnes citées à l'article 223 qu'en cas de faute intentionnelle.

Les personnes présumées pénalement responsable sont selon Article

a) Les détenteurs et les transporteurs de marchandises de fraude,

b) Les capitaines de navires, bateaux et embarcations ainsi que les commandants d'aéronefs, pour les omissions et inexactitudes relevées dans les manifestes et, d'une manière générale, pour les infractions douanières commises à bord de leurs navires, bateaux, embarcations et aéronefs.

La lecture des articles mentionnés ci-dessus montre que l'atténuation concerne seulement l'emprisonnement. Cette peine privative de liberté ne peut avoir lieu qu'en cas de faute intentionnelle. C'est-à-dire en cas d'absence de faute intentionnelle, le prévenu n'est soumis qu'aux peines pécuniaires et mesures conservatoires personnels.

B- La bonne foi41

La "bonne foi" est la croyance qu'a une personne de se trouver dans une situation conforme au droit, et la conscience d'agir sans léser les droits d'autrui. C'est une notion fréquemment utilisée dans notre législation pour atténuer les rigueurs de l'application de règles positives.

En principe la bonne foi est présumée, c'est à celui qui évoque la mauvaise foi de l'établir.

La constatation des éléments établissant la bonne foi relève du juge du fond qui, en cas de son existence, le juge accorde les circonstances atténuantes prévues par l'article 257 bis. En cas de circonstances atténuantes il faut :

Prononcer la restitution des moyens de transport saisis, sous réserve qu'ils ne soient pas aménagés pour commettre la fraude, qu'ils ne comportent pas de cachettes, cavités ou espaces vides qui ne sont pas normalement destinés au logement des marchandises ou qu'ils ne soient pas dans une situation irrégulière ;

- Restituer les objets ayant servi à masquer la fraude.
- Réduire le montant des sommes tenant lieu de confiscation des marchandises de fraude jusqu'à la moitié de la valeur de ces marchandises ;
- Réduire les amendes encourues d'une somme qui ne peut excéder le tiers de leur montant ou d'une somme qui ne peut être inférieure au minimum de l'amende pour les infractions pour lesquelles le présent code prévoit un minimum.

En cas de co-auteurs ou complices pour une même infraction, l'article 257 bis dispose que le tribunal prononce d'abord les amendes pécuniaires contre tous les co-auteurs ou complices solidaires et délimite ensuite la part de chacune des personnes, tenues solidairement au payement des amendes prononcées, ayant bénéficié des circonstances atténuantes.

Paragraphe 6 : Les circonstances aggravantes42

En matière douanière l'aggravation de la peine existe seulement dans le cas de récidive.

Selon l'article 257 ter du code des douanes marocain ils sont passibles d'une amende égale au double du maximum des pénalités pécuniaires encourues, si les auteurs des infractions douanières autres que les contraventions de quatrième classe commettent une nouvelle infraction, dans les trois ans qui suivent une transaction ou une condamnation devenue définitive.

Cette disposition n'est pas applicable, sauf cas de faute personnelle et intentionnelle, aux personnes qui font profession d'accomplir pour autrui les formalités de douane.

A- La récidive43

C'est la cause fondamentale d'aggravation de la peine ; elle révèle subjectivement une nocuité persistante de l'agent ; elle est donc objectivement commandée par l'utilité sociale.

1- Condition d'application43

Article 154 C.P. : « Est (....) en état de récidive légale, celui qui après avoir fait l'objet d'une condamnation irrévocable pour une infraction antérieure (premier terme de la récidive), en commet une autre» (2eme terme de la récidive)

a- Premier terme de la récidive la condamnation antérieure doit obligatoirement présenter certaines caractéristiques :

- Une condamnation pénale. Seule une condamnation pénale peut être prise en considération. Cette première condition est posée par l'article. 154 C.P., explicité à cet égard par les articles 155 a 160 C.P. Il s'agit d'une condamnation à une peine, au sens technique de ce terme.
- Une condamnation irrévocable au jour ou la seconde infraction est commise. Si la condamnation n'était que définitive, il n'y aurait pas récidive, mais concours réel d'infraction. On peut justifier cette règle en appelant que le droit marocain ne punit sévèrement qu'après avoir donné à l'agent un avertissement solennel qui se traduit par l'irrévocabilité de la sanction.

- Une condamnation émanant d'une juridiction marocaine ordinaire ou d'exception. C'est là une conséquence du principe de la territorialité.
- Une condamnation imputable. La condamnation pénale antérieure ne peut constituer le premier terme de la récidive que si elle figure encore au casier judiciaire de l'agent, au moment ou la deuxième infraction est commise.

b- Deuxième terme de la récidive. Ce n'est pas une condamnation, mais une infraction commise postérieurement ; celle -ci va supporter l'aggravation de la peine prévue par la loi en cas de récidive.

2- Preuve de la récidive : le casier judiciaire.44

Près de chaque tribunal de première instance, existe un service du casier judiciaire dirigé par le secrétaire -greffier en chef de cette juridiction, sous le contrôle du procureur du Roi et du chef du parquet général. Ce service est compétent pour tenir le casier judiciaire de « toutes les personnes sans distinction de nationalité », nées dans la circonscription de ce tribunal (article 694C.P.P.) ; ceux qui sont nés « hors des limites du royaume » dépendant du service central du casier judiciaire, installé près du ministère de la justice et dirigé par un magistrat de l'administration centrale, sous le contrôle du directeur des affaires criminelles et des grâces (article 695C.P.P.).

Paragraphe 7 : Concours des circonstances atténuantes et le cas de la récidive.44

En cas où il y a bonne fois et récidive, il convient d'appliquer l'article 123 du code pénal car le code des douanes est muet sur ce point. Le tribunal doit appliquer premièrement l'effet de la récidive et après il applique l'effet des circonstances atténuantes.

Section 2 : La responsabilité civile45

La responsabilité civile s'oppose à la responsabilité pénale et se subdivise en responsabilité extra contractuelle et responsabilité contractuelle.

La responsabilité civile est l'obligation de réparer le dommage (ou préjudice) que l'on a causé à autrui55. Elle est contractuelle lorsque le dommage résulte de l'inexécution d'un entrât, délictuelle ou extracontractuelle, dans le cas contraire.

Pour obtenir réparation, la victime doit apporter la preuve d'une faute, d'un dommage (ou préjudice) et d'un lien de causalité entre les deux précédentes conditions.

En droit douanier, certaines personnes, bien que n'ayant pas elles-mêmes Participé à l'infraction, sont tenues soit par la loi (succession. Parents, maîtres et admettant). Soit par contrat (caution...) de réparer le dommage causé par le délinquant.

La responsabilité civile a été traitée dans l'article 229 et 229 bis du code des douanes marocain. L'article 229 a démontré les tiers civilement responsables.

Paragraphe 1 : Les tiers civilement responsables du fait de la loi45

Il s'agit du cas général posé par l'article 229 (A), le cas de la succession (B) et le cas du commettant (C).

A- cas général45

Le Code identifie ceux qui au regard de la loi douanière sont civilement responsables du fait d'autrui. Cette responsabilité peut concerner d'ailleurs aussi bien le civil que le pénal (Art. 229 Code).

Ainsi, sont responsables du fait d'autrui pour ce qui est des droits, taxes, confiscations, amendes et dépens, les personnes ci-après :

Les personnes énumérées à l'article 85 du DOC, dont notamment :

- le père et la mère (après le décès de son mari), sont responsables du dommage causé par leurs enfants mineurs habitant avec eux.

- le père et la mère, les autres parents ou conjoints répondent des dommages causés par les aliénés et autres infirmes d'esprit, mêmes majeurs habitant, avec eux.

En droit douanier, l'aliéné mental et le mineur, s'ils sont impliqués dans une infraction douanière, ne sont passibles que des confiscations et des amendes encourues (Art. 228 Code).

- les propriétaires des marchandises du fait de leurs employés ;

- les propriétaires des moyens de transport du fait de leurs employés, sauf si le tribunal établit la responsabilité personnelle du préposé à la conduite.

B- Cas de la succession46

Lorsque l'auteur d'une infraction douanière vient à décéder avant d'avoir concrétisé les termes d'une transaction souscrite de son vivant par ses soins, ou exécuté les condamnations pécuniaires prononcées à titre définitif à son encontre, la succession doit répondre pour lui pour le règlement de toutes les amendes, confiscations, condamnations pécuniaires à due concurrence et autres sommes dues à l'Administration (Art. 265 Code).

Cependant lorsque le décès de l'auteur d'une infraction douanière intervient avant dépôt de la plainte ou intervention d'un jugement ou arrêt définitif ou d'une transaction, la succession n'est tenue que de la confiscation des objets passibles de cette mesure ou, à défaut de saisie, pour le paiement d'une somme égale à la valeur desdits objets (Art. 251 Code).

Une procédure est alors établie et déposée auprès de la juridiction civile du ressort.

C- Cas du commettant47

Les maîtres et les commettants sont civilement responsables du dommage causé par leurs domestiques et préposés dans les fonctions auxquelles ils les ont employés (Art. 85 DOC).

Cependant, cette responsabilité civile ne joue qu'à deux conditions :

- il faut qu'il y ait un lien certain de préposition entre l'auteur de l'infraction et le commettant, tel le cas du commis de transit par rapport au transitaire ;

- il faut que l'infraction relevée à l'encontre du préposé (ou subordonné) ait été commise dans le cadre de ses fonctions ou à l'occasion de l'exercice de celles-ci. Tel est le cas de l'employé d'une façon générale par rapport aux propriétaires de la marchandise ou du moyen de transport.

Ces derniers pourraient donc être contraints de répondre civilement des infractions commises par leurs préposés.

Toutefois, en droit douanier, le propriétaire du moyen de transport est déchargé de la responsabilité civile du fait d'autrui, si le tribunal établit que le préposé à la conduite a agi de sa propre initiative et pour son propre compte.

De même, le moyen de transport ne comportant pas de cachette spécialement aménagée peut être restitué sans caution ni consignation au propriétaire de bonne foi qui a conclu un contrat de transport avec la personne ayant commis l'infraction conformément aux lois et règlements régissant la profession.

L'octroi de la mainlevée sans caution ni consignation est accordée aussi aux propriétaires des marchandises non prohibées ayant servi à masquer la fraude s'il est établi que ledit propriétaire est étranger à

Paragraphe 2 : Les tiers civilement responsable du fait d'un contrat48

S'agissant des tiers civilement responsables du fait d'un contrat, il convient d'évoquer le cas de la caution.

A- La caution48

Le cautionnement est un contrat par lequel une personne s'engage envers le créancier à satisfaire l'obligation du débiteur si celui-ci ne respecte pas ses engagements. Le cautionnement est requis par l'Administration pour la couverture des engagements liés essentiellement aux opérations sous régime économique en douane.

Le Code des douanes dans son article 230 dispose que la caution est tenue conjointement et solidairement avec les principaux obligés de payer les droits, taxes, pénalités pécuniaires et autres sommes dues par le redevable qu'elles ont cautionné. A l'exception de la caution bancaire et de la caution octroyée par les sociétés d'assurance, qui peut porter sur la totalité ou une partie des droits et taxes suspendus, les intérêts de retard et les autres sommes dues et les pénalités pécuniaires demeurent à la charge du principal obligé.

Concrètement, il y a lieu de préciser que la caution n'est à actionner qu'autant que le principal obligé ne répond pas de ses engagements. Comme il s'agit de préciser que les engagements souscrits par la caution le sont en lieu et place du redevable. Ce n'est pas en effet à la caution qu'une mainlevée est à délivrer au cas où celle-ci régularise, en tout ou partie, le dû de son client.

Les implications de cette situation sont d'ailleurs exposées dans les développements réservés au recouvrement.

Chapitre 3 : Les modes de règlement des affaires douanières.50

Dans ce troisième chapitre mon travail aborde la question du déclenchement de la poursuite (SI), le mode judiciaire du règlement des affaires douanières (S 2) et en fin la transaction comme mode de règlement des affaires contentieuse.

Section 1 : Le déclenchement de la poursuite50

Une fois le procès verbal est entre les mains du service du contentieux. Ce dernier fait une lecture attentive du procès verbal lui permettant de découvrir d'un coté l'obéissance de celui-ci au formalisme prévu par le code, et de l'autre les quantités et les valeurs des objets saisie. C'est à partir d'un seuil de quantité ou de valeur des objets que l'administration des douanes décide de déclencher la poursuite pour certaines infractions (exp: contrebande).En dessous de ce seuil le procès est classé dans le mémorial des Minuties. En d'autres termes, en dessus de ce seuil de quantité et valeur, l'administration décide de poursuivre le délinquant, vu l'importance des objets saisies, il s'agit d'une affaire.

Section 2 : Le moyen judiciaire de règlement : des affaires douanières.50

Il s agit de déférer l'affaire en justice, pour cela il convient de mettre en mouvement l'action publique par la saisine du tribunal compétent.

En douane, pour les délits de 1ère et 2ème classe prévus et sanctionnés par les articles 279, 279 bis, 279 ter, 280, 281 et 282 du code, l'action publique peut être mise en mouvement soit par le ministère public soit par le Ministre des Finances, soit par le Directeur de l'Administration des douanes ou l'un de ses représentants habilités à cet effet (Directeur

Régional, Chef de Circonscription, Sous Directeur Régional, Ordonnateur Art. 249 Code).

Quant aux contraventions (1ère, 2ème, 3ème et 4ème classe) prévues et réprimées par les articles 279, 284, 285, 293, 294, 296, 297, 298 et 299, l'action pénale ne peut être déclenchée que sur l'initiative du Ministre chargé des Finances, du Directeur de l'Administration ou de l'un de ses Représentants habilités à cet effet.

Paragraphe 1 : Les modalités de poursuite en justice51

La mise en mouvement de l'action publique se matérialise par le dépôt soit d'une plainte auprès du procureur du roi en cas de flagrant délit, soit d'une citation directe à l'adresse du Président du tribunal compétent en cas de prévenu connu mais fugitif.

A- Délinquant en flagrant délit : plainte et demandes51

Le premier cas concerne le flagrant délit. Le prévenu qui a été gardé à vue sera différé à l'appui de la plainte avant l'expiration du délai de la garde à vu qui est de 48h et qui peut être prolongé avec 24 h sous autorisation du procureur du roi.

Dans le cas du flagrant délit, le service du contentieux élabore une plainte à l'adresse du procureur du Roi et des demandes à l'adresse du président du tribunal compétent.

Les demandes différentes de la plainte seulement dans la partie que l'administration ajoute dans la demande et qui est constituée par l'emprisonnement, l'amende et la confiscation.

B- Délinquant connu mais en fuite : citation directe52

Dans ce deuxième cas, le délinquant est connu mais il est en fuite. Il convient de connaître l'identité du délinquant par tous les moyens.

En cas de saisine de moyen de transport, il faut contacter le service d'enregistrement des voitures pour connaître le propriétaire du moyen de transport. Après, sur la base des informations données par le service d'enregistrement on contacte la police pour qu'elle fournit l'identité de son propriétaire.

Le service contentieux élabore une citation directe qui est établie à l'adresse du président du tribunal compétent.

C- Délinquant inconnu et en fuite : ordonnance52

Le troisième cas concerne un prévenu qui est inconnu fugitif. Donc l'Administration se trouve dans l'impossibilité de connaître le détenteur de la marchandise saisie. L'administration procède à la confiscation des marchandises et à leur vente mais sous ordonnance du tribunal de première instance. La vente des marchandises confisquées est faite par le service des ventes.

Paragraphe 2 : La poursuite devant les tribunaux52

A- Tribunal de première instance52

En application de l'article 252 du code de procédure pénale, l'autorité judiciaire compétente pour examiner des délits et contraventions est le tribunal de première instance.

B- Cour d'appel52

En présence d'un jugement du tribunal de première instance qui n'a pas répondu aux demandes de l'administration, celle-ci peut faire un recours contre le jugement. Ce recours est une voie de recours ordinaire qu'on dénomme l'appel. Ce dernier est formé devant le tribunal de premier degré dont le jugement est attaqué.

L'introduction de l'instance d'appel s'effectue seulement au moyen d'une requête écrite. L'article 141 CPC écarte ainsi le procédé de la déclaration qui est permise en première instance. L'administration appelante doit produire à l'appui de sa requête une copie du jugement attaqué.

Le délai d'appel est de 30 jours compté à partir de la communication du jugement à l'administration.

C- Cour de cassation53

Lorsque l'arrêt du tribunal d'appel n'est pas conforme aux demandes de l'administration. Celle-ci intente un recours contre l'arrêt et qu'on appelle la cassation. Cette dernière est une voie de recours extraordinaire qui a pour objet de faire annuler par la cour suprême les décisions en dernier ressort rendu en violation de la loi et qui ne peuvent plus faire l'objet d'opposition. Ce n'est pas une voie de reformation, car la cour suprême ne juge pas à nouveau l'affaire, mais renvoie, si elle casse, à une autre juridiction. Ce n'est pas non plus une voie de rétractation puisque, la décision ayant été cassé, l'affaire n est pas toujours renvoyé devant la juridiction même qui avait statué.

L'administration, en général, n'ouvre le recours en cassation que dans deux cas qui constituent les deux causes parmi les 5 causes d'ouverture à cassation, à savoir la violation de la loi interne et le défaut de motifs.

La déclaration de cassation : elle est déposée par l'administration des douanes auprès le greffe du tribunal d'appel qui a rendu l'arrêt objet du pourvoi. La déclaration est signée par l'administration des douanes et le secrétaire - greffier. On accorde un reçu contre la déclaration.

L'administration des douanes dispose d'un délai de 10 jours complet (les 10 jours commencent depuis le jour ou le tribunal a rendu l'arrêt) pour déposer la déclaration de cassation.

Mémoire de cassation : l'administration des douanes dépose un mémoire de cassation auprès du secrétariat du greffe du tribunal d'appel qui a rendu l'arrêt objet du recours. Elle doit le déposer dans un délai de 60 jours qui commence à partir de la date de sa déclaration de cassation immédiatement après dépôt de la déclaration de cassation auprès du secrétariat-greffe. Cette dernière transmet le dossier à la cour suprême dans un délai maximum de 90 jours.

Section 3 : La méthode transactionnelle d'apurement des affaires douanière.54

L'infraction une fois constatée, l'administration peut faire une offre transactionnelle, soit de sa propre initiative, soit à la demande du délinquant.

Paragraphe 1 : Définition de la transaction54

La transaction est une procédure par laquelle certaines administrations (exp : douanes) peuvent proposer aux délinquants !5abondant des poursuites pénales en contrepartie de l'aveu de l'infraction et du versement d'une somme d'argent dont elles fixent elles-mêmes le montant. Cette procédure permet l'extinction de l'action publique.

Elle est un acte par lequel le contrevenant reconnaît avoir commis une infraction et s'engage à verser une certaine somme d'argent à titre de pénalité à l'administration ; de son coté celle-ci renonce à engager ou à poursuivre toute action devant les tribunaux et fait ainsi remise d'une partie des pénalités qu'elle était en droit d'exiger.

La transaction s'effectue selon un barème transactionnel.

Paragraphe 2 : Les parties de la transaction55

Les parties de la transaction sont les douanes (A) et Le délinquant (B).

A : Les douanes55

Actuellement, le code des douanes et impôt indirect prévoit dans son article 274, que la transaction ne devient définitive qu'après ratification du ministre des finances ou du directeur de l'administration concernée. Cette ratification qui risque de créer un retard dans la procédure de transaction, n'est pas prévue par le droit français dont procèdent pourtant le système marocain.

B : Le délinquant55

En général, sont admise à transiger toutes les personnes qui commettent une ou plusieurs infractions relatives aux matières permettant la transaction.

L'article 273 du code des douanes vise les délinquants : «L'administration a le droit de transiger avec les personnes poursuivies pour infraction de douanes et impôts indirects....»

On peut admettre à transiger aussi bien les auteurs, complices ou intéresses à la fraude que les personnes civilement responsables.

Paragraphe 3 : Effets de la transaction56

La transaction peut avoir un effet à l'égard de l'autorité judiciaire (A) ؛à l'égard des parties (B) et à l'égard des co-prévenus et des tiers (C)

A- A l'égard de l'autorité judiciaire56

La transaction avant jugement définitif a pour effet d'éteindre l'action publique.

Ainsi donc, lorsque la transaction a été approuvée, le magistrat à qui elle a été notifiée doit s'abstenir de poursuivre si l'action n'est pas intentée, requérir une ordonnance de non lieu si l'affaire en est au stade de l'instruction, ou déclarer l'action publique éteinte si l'affaire passe a l'audience.

En revanche, la transaction après jugement définitif n'affecte point l'exécution des condamnations à des peines corporelles.

Par contre, elle permet de libérer aussitôt l'individu qui est en prison au titre de la contrainte par corps.

B - A l'égard des parties contractantes56

La transaction, qu'elle intervienne avant ou après jugement définitif, a l'autorité de la chose jugée en dernier ressort, elle est irrévocable. Le caractère définitif et sans appel de la transaction est repris a l'article 274 du code des douanes qui dit que « la transaction lie alors irrévocablement les parties et n'est susceptible d'aucun recours »

C -A l'égard des co-prévenus et des tiers56

Lorsqu'une transaction est conclue avec l'un des coauteurs d'une infraction, il demeure possible d'insérer dans 1 acte des réserves formelles a l'égard des autres contrevenants. L'administration des douanes conserve ainsi son droit de recours contre les autres prévenus qui ne pourront pas, de ce fait, opposer au service de la transaction souscrite par l'un des coauteurs. Il est évident que la somme versée par l'un des contrevenants viendra en déduction des pénalités réclamées aux autres co-auteurs.

Conclusion :57

Lorsque l'administration obtient un jugement de condamnation, jugement définitif bien entendu ou a décidé contrainte et que la partie adverse ne s'acquitte pas volontairement de sa dette, il n'y a d'autres moyens, pour vaincre la résistance ou l'inertie du redevable que de recourir à l'exécution forcée.

L'exécution forcée donne lieu à des procédures tendant à obtenir le paiement de la créance de l'administration soit directement au moyen de saisies qui aboutissent à la vente des biens de redevable (exécution sur les biens) soit indirectement aux moyens de la contrainte par corps qui incite le redevable à s'acquitter de sa dette pour conserver ou recouvrer sa liberté (exécution sur la personne).

DEUXIEME PARTIE :

La jurisprudence douanière marocaine58

La deuxième partie de mon travail a trait à la jurisprudence relative à l'infraction douanière. Il est évident que l'on ne peut pas aborder l'intégralité de Jurisprudence en matière douanière et en détail.

Donc, je vais présenter la jurisprudence favorable et la plus expressive à l'égard de l'administration des douanes et impôts indirect.

Chapitre 1 : La jurisprudence relative aux stupéfiants59

Au niveau de ce chapitre, je vais présenter quatre arrêts .Le premier prohibe en principe le commerce des stupéfiants (SI), le second légitime les demandes civiles de l'administration des douanes en matière des stupéfiants (S2), le troisième soumis la détermination de La valeur contentieuse des stupéfiants aux dispositions de l'article 219 du code des douanes(S3), le quatrième exclut l'opposabilité de l'engagement conclu entre le préposé à la conduite et le propriétaire du moyen de transport à l'administration des douanes (S4).

Section 1 : Le commerce des stupéfiants59

Il s'agit de l'arrêt de la cour d'Appel de Casablanca, n° 3874, du 08/05/ 2001, dossier pénal n° 2/932, dossier douanier n° 2000/30529, casa port.

Il convient de donner l'objet de l'arrêt (paragraphe 1), un résumé des faits de l'arrêt (paragraphe 2) et en fin un résumé de ses attendus (paragraphe 3).

Paragraphe 1 : Objet59

Le commerce des stupéfiants, d'origine végétale ou chimique est prohibé, sauf autorisation permettant leur utilisation licite à des fins médicinal ou pharmaceutique.

Paragraphe 2 : Résumé des faits59

A la suite de la saisie par la police judiciaire de Casablanca d'une quantité importante de Chira entreposée dans un dépôt sis à Hay Mohammadi en vue de son exportation illicite. Les mis en cause ont été poursuivis en justice, en sus de l'infraction de droit commun, pour le délit douanier consistant en une tentative d'exportation de marchandises prohibées sans déclaration sans déclaration ni autorisation, délit prévu et réprimé par les articles 1, 206, 79, et 279 bis du code.

Paragraphe 3 : Résumé des attendus de l'arrêt60

Le commerce des stupéfiants, d'origine végétale ou chimique est prohibé, sauf autorisation permettant leur utilisation licite à des fins médicinal ou pharmaceutique.

La production de cette autorisation lève ainsi la prohibition.

Le législateur n'a fait que renforcé les méthodes de contrôle des transactions portant sur les stupéfiants et n'a pas prohibé de manière absolue ces transaction.

De plus l'article premier du code des douanes, tel qu'il a été modifié par le dahir du 05/06/2000, a soumis les produits prohibés, y compris les stupéfiants, à l'obligation de déclaration en douane.

Le non respect de cette obligation constitue une infraction réprimée a l'instar du défaut de déclaration des autres marchandises présentées a l'exportation.

Section 2 : La légitimité des demandes civiles de l'Administration des douanes en matière des stupéfiants60

Il s'agit d'un arrêt prononce à l'unanimité des six chambres composant la cour suprême. C'est l'arrêt de la cour suprême de Rabat, n°3/2, du 02/01/2002 dossier pénal n°99/23432, dossier n°99/2596, Tanger Port.

Il convient de donner l'objet de l'arrêt (paragraphe1), un résumé des faits de l'arrêt (paragraphe 2) et en fin un résumé de ses attendus (paragraphe 3).

Paragraphe 1 : Objet61

Légitimité des demandes civiles de l'administration des douanes en matière des stupéfiants pour les affaires constatées sous l'égide du code des douanes tel que modifie par la loi de finance 96/97.

Paragraphe 2 : Résume des faits61

A la suite de la saisie par la police judiciaire de Tanger Port d'une quantité de 60 kg de Chira destinée a l'exportation par le nomme « AB ,« ce dernier a été poursuivi, en sus de l'infraction du droit commun, pour le délit de tentative d'exportation de marchandises prohibées sans déclaration ni autorisation, délit prévu et réprimé par les articles 1-65-281- 282-284 et 280 du code des douanes et impôt indirect.

Paragraphe 3 : Résumé des attendus de l'arrêt61

En vertu des dispositions :

- De l'article 1er du code des douanes et impôts indirects tel qu'il a été modifié par la loi des finances 96-97, on entend par marchandises ; les produits, objets, animaux, et matière de toute espèces, prohibés ou non qu'ils fassent ou non l'objet d'un commerce licite.
- De l'article 65 du même code, toutes les marchandises importées ou présentées à l'exportation doivent faire l'objet d'une déclaration.
- De l'article 219 du code précité, la valeur à retenir pour le calcul de l'amende est celle représentée sur le marché intérieur par l'objet en bon

état au moment ou la fraude a été commise alors même que les marchandises litigieuses ne font pas l'objet d'un commerce licite.

Ainsi l'élément légal du délit de tentative d'exportation de marchandises prohibées par un bureau de douane sans déclaration ni autorisation est caractérisé par les articles sus visés qui ont été violés par l'arrêt attaqué en pourvoi.

De ce fait, le motif invoqué par l'arrêt susvisé, considérant que les stupéfiants sont des matières toxiques dont la commercialisation est prohibée par le législateur et ne peuvent être évaluées sur le marché comme toute autre marchandise pouvant faire l'objet d'importation et d'exportation, est un motif non valable entraînant le défaut de motivation et la violation de la loi sur le fond, ce qui rend ledit arrêt susceptible de cassation et de nullité.

Section 3 : La valeur contentieuse des stupéfiants62

Il s'agit de l'arrêt de la cour suprême de Rabat, n° 8/1002, du 20/03/2003, dossier pénal n° 01/26317, Direction régionale du NO, bureau de Tétouan ville.

Il convient de déterminer l'objet (paragraphe 1), de donner un résumé de ses faits (paragraphe 2) et en fin un résumé de ses attendus (paragraphe 3).

Paragraphe 1 : Objet62

La valeur contentieuse des stupéfiants est déterminée sur la basé des dispositions de l'article 219 du code des douanes.

Paragraphe 2 : Résumé des faits63

Les éléments de la Gendarmerie Royale de la ville de Fnideq ont procédé à la saisie d'une quantité de 400 g de Chira détenue par le dénommé (SB) qui a tenté de l'exporter à la ville de Sebta.

Le délinquant a été poursuivi pour détention et transport des stupéfiants et produits psychotropes sans autorisation dans le rayon des douanes, délit de 1ere classe prévu et réprimé par les articles 279 ter et 279 bis du code des douanes et impôts indirect.

Paragraphe 3 : Résumé des attendus de l'arrêt63

L'arrêt qui a rejeté les demandes de l'administration des douanes au motif que cette dernière n'a pas justifié l'évaluation des stupéfiants, a transgressé les dispositions de l'article 219 du code des douanes et impôts indirects ce qui le rend susceptible de cassation et d'annulation.

Section 4 : L'engagement conclu entre le préposé à la conduite et le propriétaire du moyen de transport63

Il s'agit de l'arrêt de la cour suprême de Rabat, n° 2/1248, du 10/07/2002, dossier pénal n°20478/200, bureau de Fès ville.

Il convient de donner l'objet de l'arrêt (paragraphe 1), un résumé des faits (paragraphe 2) et en fin un résumé de ses attendus (paragraphe3).

Paragraphe 1 : Objet63

L'engagement conclu entre le préposé à la conduite et le propriétaire du moyen de transport, ne peut être opposable aux tiers.

Paragraphe 2 : Résumé des faits63

En date du 02/04/2001, les éléments de la Gendarmerie Royale relevant de la brigade de la ville de Taza, ont procédé à la saisie d'un véhicule en provenance de la ville de Nador, transportant des marchandises de contrebande.

Par procès verbal d'audition, le sieur (MB) conducteur du véhicule a déclaré que la marchandise frauduleuse, d'une valeur de 363000 DH, appartient au sieur (AK) propriétaire du moyen de transport dont la valeur a été estimée à 329770 DH.

N'ayant produit aucun document pour justifier la détention régulière des marchandises transportées, le sieur (MB) a été poursuivi pour détention sans justification de marchandises soumises a justification d'origine, délit de deuxième classe prévu et réprimé par les articles 281, 282, 181, et 280 du code des douanes.

En application de l'article 229 du code le sieur (AK) propriétaire du véhicule a été mis en cause pour sa responsabilité civile du fait de son employé.

Paragraphe 3 : Résumé des attendus de l'arrêt64

L'arrêt attaqué a prononcé la restitution du véhicule à son propriétaire au motif que :

- Le préposé a la conduite a reconnu avoir conclu un engagement selon lequel il assume la responsabilité des accidents et des infractions commis.

- Les dispositions de l'article 229 du code des douanes déchargent la responsabilité du propriétaire du moyen de transport lorsqu'il arrive a établir la responsabilité personnelle de son **employé-**

Des lors que le tribunal n'a pas précisé si le propriétaire du véhicule a établi que le préposé à la conduite, agissant sans autorisation, s'est placé hors des fonctions auxquelles il a été employé et compte tenu de l'engagement conclu entre le propriétaire du moyen de transport et l'employé ne peut être opposable aux tiers, l'arrêt attaqué est considéré comme étant non fondé sur des bases légales ce qui le rend susceptible de cassation et d'annulation.

Chapitre 2 : La jurisprudence relative aux procès verbaux66

Ce deuxième chapitre a trait au procès verbal, sa force plante.

Les constations matérielles rapportées dans les procès verbaux dressés pour infraction douanière par deux agents ou plus font foi jusqu'à inscription de faux (S 1) et ne peuvent être attaquées par le moyen de l'expertise qui n est pas l'inscription en faux (S2).

Section 1 : La force probante des procès verbaux de douane dressés par deux agents ou plus66

Il s'agit de l'arrêt de la cour suprême de Rabat, n°3/531, du 16/02/2000, dossier pénal n° 99/16866, direction régional Casablanca.

Il s'agit de donner l'objet de l'arrêt (paragraphe 1), un résumé des faits (paragraphe 2) et en fin un résumé de ses attendus (paragraphe 3).

Paragraphe 1 : Objet66

La force probante des procès verbaux de douane dressés par deux agents ou plus.

Paragraphe 2 : Résumé des faits66

A la suite d'un contrôle effectué en 1998 par les agents des douanes auprès de la société « DM » qui importe des marchandises sous le régime de l'admission temporaire pour perfectionnement actif, il a été constaté que ladite société n'a pas régularisé les comptes souscrits par ses soins et n'a pas pu présenter les marchandises y relatives à la première réquisition des agents des douanes. Ces derniers ont aussi relevé d'une part l'inexistence des marchandises importées sous le régime de l'ATPA et d'autre part, l'existence de marchandises dont la détention régulière n'a pas été justifiée par la société considérée.

Ces faits constituent à l'encontre de la société « DM » et du nommé « AJ » le délit d'abus de régime de l'ATPA et le délit de détention sans justification prévus et réprimés par les articles 181, 281, 282,285.286. De même et suite à la rupture des scellés apposés sur la porte principale du magasin, par le sieur « AJ », il a été retenu a son encontre, le délit de l'ère classe prévu et réprimé par les articles 298 et 299 dudit code.

Paragraphe 3 : Résumé des attendus de l'arrêt 67

Les constations matérielles rapportées dans les procès verbaux dressés pour infraction douanière par deux agents ou plus font foi jusqu'à inscription de faux et ne peuvent être attaquées par aucun moyen (expertise ou autre) autre que l'inscription en

Tout jugement ou arrêt qui viole cette disposition est entaché de violation de la loi sur le fond (article 242 du code des douane) ce qui le rend susceptible de cassation et de nullité.

Section 2 : L'expertise ne peut remettre en cause les constations matérielles relatées dans les PV67

Il s'agit de l'arrêt de la cour suprême n°2/246, du 11/02/2004, dossier pénal n° 2003/5857, bureau de Bni Nsar.

Je vais donner l'objet de l'arrêt (paragraphe 1), un résumé des faits (paragraphe 2) et en fin un résumé de ses attendus (paragraphe 3).

Paragraphe 1 : Objet67

L'expertise ne peut remettre en cause les constations matérielles relatées dans les PV établi par les agents des douanes.

Paragraphe 2 : Résumé des faits68

En date du 02/10/2001, lors d'un contrôle d'un véhicule immatriculé à Melilla, les agents des douanes ont constaté que le numéro de châssis, gravé sur ledit véhicule, est retapé d'une façon visible à l'œil nu, de manière à ce qu'il corresponde à celui inscrit sur la carte grise.

Lors de l'enquête préliminaire, l'intéressé a déclaré que le véhicule en question est dans une situation régulière et qu'il est disposé à le soumettre à ses frais à l'expertise.

Sur instruction du procureur du Roi, une expertise a été effectuée et dont les résultats ont conclu que le véhicule en cause est en situation régulière et que le numéro de châssis n'a pas été refait.

Paragraphes 3 : Résumé des attendus de l'arrêt68

L'article 242 du code des douanes prévoit que les procès verbaux dressés par deux agents des douanes ou plus, font foi jusqu'à inscription de faux pour les constatations matérielles qu'ils rapportent.

Les agents des douanes ont constaté par procès-verbal que le numéro de châssis du véhicule saisi a été retapé afin qu'il soit conforme avec celui repris sur la carte grise dudit véhicule.

Le procès verbal est dressé par plus de deux agents des douanes et relate entre autres constatations matérielles, la modification du numéro de châssis. Ces constatations ne peuvent être remises en cause que par l'inscription de faux tel que prévu par l'article 242 du code.

Le tribunal qui s'est basé sur l'expertise même si elle est ordonnée par voie judiciaire pour rejeter les constatations en question, a transgressé les dispositions de l'article 242 du code des douanes, ce qui rend l'arrêt susceptible de cassation et d'annulation.

Chapitre 3 : La jurisprudence concernant le jugement69

Au niveau de ce chapitre je vais présenter trois arrêts : le premier ouvre le recours contre le jugement n'ayant pas précisé les critères retenus pour réduire la valeur des marchandise (S1), le deuxième lui aussi ouvre recours contre le jugement qui n a pas débattu les demandes des parties déposées en bonne et due forme, est considéré comme un défaut de motivation (S2), il y en est de même du troisième qui considère comme défaut de motivation le fait pour le tribunal de ne pas débattre des arguments invoqués par l'administration des douanes et impôts indirects (S3).

Section 1 : Le jugement n'ayant pas précisé les critères pour réduire la valeur des marchandises saisies69

Il s'agit de l'arrêt de la cour suprême de Rabat n° 3/3441, dossier pénal n° 99/3/6/19531, dossier douanier n° 1999/701, Fès Ville.

Je vais donner l'objet de l'arrêt (paragraphe 1), un résumé des faits (paragraphe2) et en fin un résumé de ses attendus paragraphe 3).

Paragraphe 1 : Objet69

Tout jugement n'ayant pas précisé les critères retenus pour réduire la valeur des marchandises saisies déterminée conformément aux dispositions de l'article 219 du code, est considéré non fondé légalement et non motivé et, par conséquent, susceptible de cassation et de nullité.

Paragraphe 2 : Résumé des faits69

Les éléments de la gendarmerie royale ont procédé à la saisie de 170 Kg de friperie dont la valeur s'élève a 19200,00 Dhs. Le détenteur de ces marchandises n'a pas produit de justification attestant leur détention régulière ce qui a constitué à son encontre le délit de détention sans justificatifs de marchandise prévue et réprimée par les articles 181, 281,282 et 280 du code des douanes et impôts indirect.

Paragraphe 3 : Résumé des attendus de l'arrêt70

L'arrêt qui a fixé le montant de l'amende au profit de l'administration des douanes et impôts indirect sur la base de la nature de la marchandise de contrebande et de sa valeur sur le marché de la friperie, sans préciser les critères retenus pour réduire le montant demandé, est considéré sans base légal et fondé sur un argument non valable, ce qui le rend susceptible de cassation et de nullité.

Section 2 : Le jugement n'ayant pas débattu les demandes des parties70

Il s'agit de l'arrêt de la cour suprême de Rabat n° 5/1398 du 97/09/03, dossier pénal n° 91/27752, dossier douanier n° 87/s/6, Fès Ville.

Je vais donner l'objet de l'arrêt (paragraphe 1), un résumé des faits (paragraphe 2) et en fin un résumé de ses attendus (paragraphe 3).

Paragraphe 1 : Objet70

Le fait pour un tribunal de ne pas débattre les demandes des parties déposées en bonne et due forme, est considéré comme un défaut de motivation.

Paragraphe 2 : Résumé des faits70

A la suite d'une enquête effectuée auprès de la société de la filature et de tissage «LA MAKINA», sise à Fès, les agents de l'office des changes ont constaté à rencontre de la dite société les infractions de change suivante:

1. Non rapatriement d'avoirs obligatoirement cessible pour un montant de 1.167.013 Dhs.
2. L'octroi d'avoirs et remise à des clients étrangers sans l'autorisation de l'office de change d'un montant de 182.835 Dhs.
3. Rapatriement hors délai au Maroc des produits d'exportation d'un montant de 1.556.587 Dhs.

Dans ces demandes, l'administration a poursuivi la société en question des délits susvisés et a demandé dans ses conclusions déposées en première instance, en sus du paiement d'une amende égale a cinq fois la valeur du corps des délits, le paiement d'une somme égale a la valeur du corps des délits non saisi pour tenir lieu de la confiscation.

Paragraphe 3 : Résumé des attendus de l'arrêt71

Le fait pour un tribunal de ne pas débattre les demandes de parties déposées en bonne et due forme, est considéré comme un défaut de motivation.

L'arrêt est considéré non motivé et, de ce fait, susceptible de cassation et d'annulation s'il ne reprend pas la réponse aux demandes des parties.

La non application par le tribunal des dispositions de l'article 17 du dahir du 30/08/1949 relatif a la répression des infractions de change, constitue une violation de la loi entraînant la cassation de l'arrêt rendu.

Section 3 : Le fait pour le tribunal de ne pas répondre aux moyens de défense72

Il s'agit de l'arrêt de la cour suprême de Rabat n° 174, du 17/01/2001, dossier pénal n 99/ 3/20275, direction régionale Casablanca.

Il convient de donner l'objet de l'arrêt (paragraphe 1), un résumé des faits (paragraphe 2) et en fin un résumé de ses attendus (paragraphe 3).

Paragraphe 1 : Objet72

Le fait de ne pas répondre aux moyens de défenses déposés en bonne et due forme vaut défaut de motivation.

Paragraphe 2 : Résumé des faits72

A la suite d'un contrôle effectué en 1998 par les agents des douanes auprès de la société « C.M. » qui importe des marchandises sous le régime de l'admission temporaire pour perfectionnement actif, il a été constaté que ladite société n'a pas régularisé les comptes souscrits par ses soins et n a pas pu présenter les marchandises a première réquisition des agents des douanes, qui ont relevé d'une part, l'inexistence des marchandises importées sous le régime l'ATPA et d'autre part, l'existence des marchandises dont la détention régulière n'a pas été justifiée par la société considérée.

Paragraphe 3 : Résumé des attendus de l'arrêt 72

Le fait pour le tribunal de ne pas débattre des arguments invoqués par le demandeur en pourvoi (Administration des douanes et impôts indirect) en ce qui concerne l'expertise et l'application des dispositions de l'article 219 du code des douanes, est considéré comme un défaut de motivation, ce qui rend son arrêt susceptible de cassation et de nullité. (Article 586 (5), 347)57 (et 352 (2) du code de procédure pénale).

Conclusion73

Les arrêts mentionnés ci-dessus donnent des solutions à des situations juridiques cruciales. Ils concernent des points de droit essentiels à savoir le commerce des stupéfiants, la force probante des procès-verbaux et les formes de défaut de motivation...

Ces solutions jurisprudentielles sont conformées aux demandes de l'Administration des douanes et impôts indirects.

Donc, il s'agit d'arrêts qui plaident en faveur de l'administration des douanes, donc utiles pour un praticien du contentieux douanier engagé à prendre la défense de celle-ci devant les tribunaux.

CONCLUSION GENERALE 74

L'image de la Douane dans l'opinion publique reste très attachée à la poursuite des contrebandiers et autres fraudeurs. Cette administration respectée, largement à l'abri des critiques par rapport à la police, apparaît comme la garante du territoire national dont elle interdit l'accès aux produits dangereux pour la sécurité et la santé publiques, aux marchandises contrefaites ainsi qu'à divers indésirables comme les immigrés clandestins et trafiquants divers.

Mais pour Abdelatif ZAGHNOUN, directeur général de l'Administration des Douanes et Impôts Indirects, L'ère du douanier répressif est bel et bien révolue.

Les nouvelles missions de l'administration des douanes : celui d'accompagnateur de l'entreprise marocaine vers la compétitivité. Un travail complexe, qui revêt à la fois une dimension fiscale, économique et sécuritaire mais qui ne pouvait être mené à bon port qu'une fois la Douane elle même rassurée sur les conséquences des accords de libre-échange et des différents processus de démantèlement tarifaire sur ses comptes.

On peut dire que les relations des entreprises et de la Douane sont donc placées sous le signe d'une coexistence pacifique. Mais l'expérience enseigne que la situation n'est pas aussi angélique.

BIBLIOGRAPHIE 75

1) Ouvrages :

- ALAMI MACHICHI (MD), Droit pénal général, Casablanca, Edition Maghrébine, 1974.
- BERR(C) et TREMAU (H) Introduction au droit douanier, Paris, Dalloz, 1997
- BLANC (FP), Droit pénal général, Casablanca, sochpress,1984.
- BONNARD (H), Droit du contentieux, Paris, Masson, 1987
- BOUDAHRAIN (A), Droit judiciaire prive, Casablanca, Al madariss, 2003.
- BOUKHANI (B), Marrakech, FSJES, 1996
- CAPOGNE (MN), essentiel sur le droit pénal général, paris, hermès
- EL ALAOUI (ML), Le droit douanier au Maroc, Rabat, Livre ibn sina, 1996.
- EL KHAMLICHI (A), Droit pénal, Rabat, Librairie almaarif, 1985. (Ouvrage en arabe)
- FEDIDA (JM), le contentieux douanier, Paris, PUF ,2001
- GUILIEN(R) et VINCENT (J), Lexique des termes juridiques, Paris, Dalloz, 1995.
- KSOURI (I), La transaction douanière, Alger, Edition el malakia, 2004.
- LAMBERT (T) et NEUER (J), Droit du contentieux, Paris, Economica ,1990
- PRADEL (J), Droit pénal général, Paris, Cujas, 1984.

- STEFANI (G) et LEVASSEUR (G), Droit pénal général, Paris, Dalloz, 1973

2) codes

- Le code des douanes et impôts indirects
- Le code de droit pénal
- Le code de procédure pénale
- Le code de procédure civile
- Le code du D.O.C. annoté

3) Mémoires

- ALJAGHNOUNI (A), contentieux douanier répressif, faculté de droit Med 1er d'Oujda, 2007. (Mémoire en arabe)
- SALHI(S), Contentieux douanier répressif, faculté de droit ain chok de Casablanca, 2000.

4) sites

- http://www.douane.gov.ma/rdii/pdf/tl4ch01s01.pdf
- http ://www. telquel-online.com/119/sujet3. Shtml
- http://www.dictionnaire-iuri dique.com/definition/bonne-foi.php
- http://fr.wikipedia.org/wiki/Responsabilit%C3°/oA9 civile

5) articles

- BLANC (FP), « La force majeure et le cas fortuit en droit civil marocain », Revue marocaine de droit, n4, 1986.
- BLANC (FP), « La détermination de l'auteur de l'infraction dans le droit marocain des fraudes : la responsabilité pénale des personnes

morales est-elle exclusive de la responsabilité pénale des personnes physiques », Revue marocaine d'économie et de droit comparé, n 20 ,1993.

- CHAMI (K), « Le Maroc et le commerce international : le régime douanier », Revue de l'attaché judiciaire, n33, 1998.

6) notes

- Barème des règlements transactionnels

7) La jurisprudence

- L'Administration des douanes c./xy, la cour d'Appel de Casablanca, arrêt n° 3874 du 08/05/ 2001, affaire n° 2/932.
- L'Administration des douanes c./xy, la cour suprême, arrêt n° 3/2 du 02/01/2002, affaire n° 99/23432
- L'Administration des douanes c./xy, la cour suprême, arrêt n° 8/1002 du 20/03/2003, affaire n° 01/26317
- L'Administration des douanes c./xy, la cour suprême, arrêt n° 2/1248 du 10/07/2002, affaire n°20478/2001
- L'administration des douanes c./xy, la cour suprême, arrêt n° 3/531 du 16/02/2000, affaire n° 99/16866
- L'Administration des douanes c./xy, la cour suprême, arrêt n°2/246 du 11/02/2004, affaire n° 2003/5857
- L'Administration des douanes c./xy, la cour suprême, arrêt n° 3/3441, affaire n° 99/3/6/19531
- L'Administration des douanes c./xy, la cour suprême, arrêt n°5/1398 du 97/09/03, affaire n° 91/27752

- L'Administration des douanes c./xy, la cour suprême, arrêt n° 174 du 17/01/2001, affaire n° 99/ 3/20275

Printed by Books on Demand GmbH, Norderstedt / Germany